Sigrid Elsenhans

W0300215

APARTER MODESCHMUCK

AUS FIMO MODELLIERT

Brunnen-Reihe 261

Christophorus-Verlag Freiburg

Vorwort

Schmuck – ist das nicht von jeher die Zauberformel für Attraktivität? Schmuck ergänzt die Schönheit des Menschen allgemein und insbesondere die Schönheit der Frau!
Hat sie nicht seit Menschengedenken den Wunsch verspürt, sich einzelne Körperteile zu verzieren, um so ihre Anmut und Grazie besser zur Geltung zu bringen? Und hat sie es nicht hervorragend verstanden, mit Hilfe ihres Schmuckes die gewünschte Wirkung auf ihre Umwelt zu erzielen – entweder würdevoll und majestätisch oder tugendhaft und zart?
Die eigenartige Faszination des Schmuckes reicht bis in die heutige Zeit hinein. Auch wir wollen unserem Aussehen oder unserer Kleidung eine ganz gewisse Ausstrahlung verleihen, die sowohl individuell als auch phantasievoll ist. Schmuck sollte das Merkmal unseres Wesens wie auch unserer Kreativität sein.
Doch sind wir heute nicht abhängig von dem Gefühlsreichtum anderer? Von der Moderichtung, die uns von anderen aufdiktiert wird? Und werden unsere Schmuckstücke nicht genauso vermarktet wie auch unsere Kleidung? Die wesentlichste Frage aber ist, ob es heute überhaupt noch Individualität, Anmut und Einfallsreichtum gibt. Meine Antwort auf alle diese Fragen lautet, daß jeder gemäß seiner Natur und Ausstrahlung den passenden Schmuck tragen sollte und sicherlich auch tragen möchte. Aber wie läßt sich Mode und eigenes Design heute in Einklang bringen? Wie kann diese Harmonie entstehen? Doch nur, wenn man sich seine Schmuckstücke selbst herstellt!
Und dazu möchte ich in diesem Buch einige Anregungen geben, die natürlich durch den Ideenreichtum jedes einzelnen ausgeweitet werden können.
Ich wünsche Ihnen viel Freude und Erfolg!

Besondere Hinweise

Fimo ist eine Modelliermasse auf Kunststoffbasis; Hersteller: Eberhard Faber (EFA). Sie ist durch einen Zusatz weich und modellierbar, ideal für optimales Formen auch von kleinsten Teilen. Nach Abschluß längerer Arbeit mit Fimo sollte man sich die Hände waschen und eincremen, da Fimo der Haut Fett entzieht.
Fimo wird in 30 Farbtönen und in verschieden großen Blöcken angeboten. Außerdem gibt es dazu noch Farbpulver in verschiedenen Farbtönen und einen darauf abgestimmten Fimo-Speziallack, matt oder glänzend.
Ein reichhaltiges Angebot der übrigen aufgeführten Materialien steht Ihnen in Hobby- und Bastelgeschäften sowie teils auch in Kurzwarenabteilungen der Kaufhäuser zur Auswahl bereit.

Material und Hilfsmittel

Fimoblöcke nach Größe und Farbwahl, Straß, Perlen, Glas- oder Halbedelsteine, Spiegelelemente, Kupferplatinen, Blütenstempel (wie für Kunstblumen), Bronze- und Metallic-Farbpulver oder Lidschattenpulver, Lack, Broschenwannen, Anhänger, Nadeln, Gürtelschnallen-Mechanik, Clips, Spangen, Halsreifen, Metallkettchen, Ösen, Ohrhaken, Golddraht, Stecknadeln, Zwei-Komponenten-Kleber wie z. B. UHU plus schnellfest.
Den bei den Anleitungen oft erwähnten, synthetisch hergestellten Stein Zirkonia erhalten Sie in Goldschmieden und Juweliergeschäften.
Es eignen sich genauso Straßsteinchen zur Dekoration eines Schmuckstückes. Eine große Auswahl an verschiedenen Farben, Größen und Formen erhalten Sie in Bastelgeschäften. Manche Steine sind mit Fassungen erhältlich.

Techniken

Formen
Man sollte Fimo immer in möglichst kleinen Mengen verwenden. Dies erleichtert das Kneten, das sehr gründlich und über einen längeren Zeitraum (ca. 3 bis 5 Minuten) erfolgen muß, sonst entstehen nach dem Härten Blasen oder Risse.
Größere Kugeln formt man durch Rollen zwischen den Handflächen. Platten und flache Stücke entstehen mittels Wellholz auf einem Brett. Die gewünschte Form wird mit einem Messer ausgeschnitten und mit diesem vom Brett gelöst. „Würste" bildet man aus Kugeln, die mit den Fingern auf die gewünschte Stärke ausgerollt werden. Blätter entstehen durch Ausschneiden eines flachgewalzten Fimostückes.

Marmorieren
Verschiedenfarbige Fimoröllchen werden nebeneinandergelegt, zur Spirale gedreht und geknetet. Jedoch nur soweit, daß die einzelnen Farben erkennbar bleiben. Entspricht die Marmorierung beim Auswalzen nicht der Vorstellung, nochmals durchkneten, auswalzen, bis die gewünschte Farbzusammenstellung erscheint.

Dekorieren
Strukturen auf dem Fimo entstehen durch mehrmaliges Auftupfen von Borstenspitzen einer Zahn- oder Kleiderbürste (im weiteren Text: Bürstentechnik). Sollten ganz glatte Flächen erzielt werden, streicht man mit dem Finger über die Oberfläche. Vorsicht mit Fingernägeln, sie können störende Abdrücke hinterlassen.
Nach der Oberflächengestaltung beginnt man mit der Dekoration des Stückes. Diese erfolgt durch Aufbringen der modellierten oder fertig gekauften Formteile. Jedes Teil gut auf den Unterbau aufdrücken, andernfalls besteht die Gefahr, daß die Dekoration beim Tragen abfällt. Das Aufbringen erfolgt vor dem Härten.

Farbgebung
Farbiger Lidschattenpuder und Goldbronze-Pulver können mit einem gewöhnlichen Pinsel aufgetragen werden. Dieser Arbeitsvorgang muß auch vor dem Härten erfolgen.

Härten
Auf der Verpackung des Materials sind die verschiedenen Härtungstemperaturen und -zeiten angegeben. Diese Vorgaben muß man genau beachten. Ein spezielles Thermometer der Firma Faber kann während des Härtens mit in den Ofen hineingelegt werden, so kann die Temperatur überwacht werden. Ist kein Thermometer vorhanden, so testen Sie Ihren Ofen zuerst. Legen Sie ein ausgewalztes Stück Fimotransparent auf ein Backblech. Verfärbt es sich gelb, ist die Temperatur zu hoch.

Befestigungen
Broschennadeln, -wannen und Gürtelschnallen werden grundsätzlich erst nach dem Härten mit einem Zwei-Komponenten-Kleber (z. B. UHU plus) befestigt. Ausnahme: Broschenwannen mit schmalem Rand. Sie werden vor dem Härten, d. h. vor dem ersten Belegen mit Fimo, mit hitzebeständigem Kleber (UHU plus endfest 300) bestrichen.

Lackieren
Eingefärbte Fimoteile müssen mit einem Speziallack (matt oder glänzend) konserviert werden. Mehrmaliges Lackieren bei Goldbronze- und Lidschattenfarben.
Fimo ohne Farbauftrag kann, muß aber nicht, lackiert werden. Dies bleibt Ihnen je nach Aussage des Werkstückes überlassen.

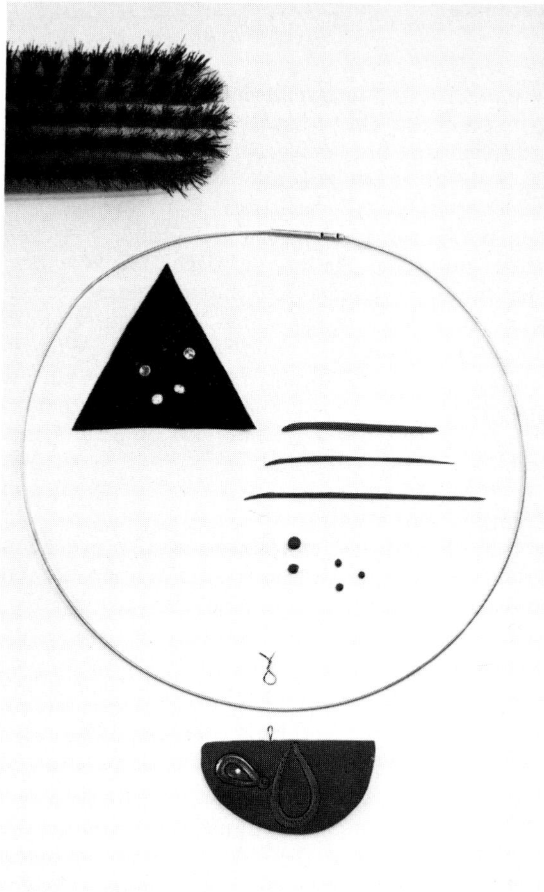

Knöpfe

Knöpfe können eine Zierde sein. Ob es verschiedene Farben oder Formen sein sollen, hängt von dem Kleidungsstück ab, das der Knopf zieren soll.
Pappscheiben, in gewünschter Form als Schablone ausgeschnitten, auf das ausgewalzte Fimo auflegen. Die Form ausschneiden, die Schnittränder abrunden. Oberflächengestaltung durch Aufdrücken von Fimokügelchen mittels Stecknadelkopf, Münzen, Ringen usw. Löcher mit Stricknadel durchstechen (s. Abb. oben links und Seite 24).

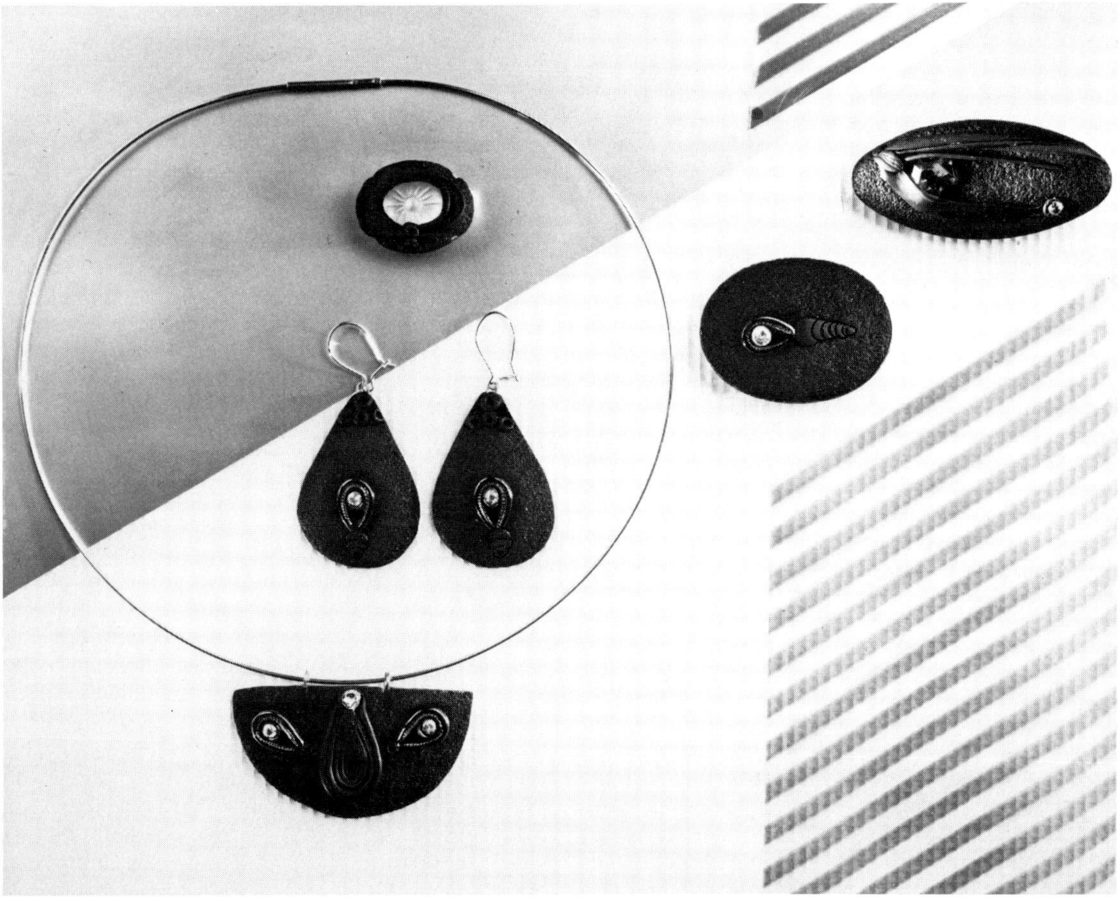

Collier

Ein Stück schwarzes Fimo so lange kneten, bis es weich ist. Daraus eine Kugel formen und mit dem Wellholz auswalzen. Das Stück halbieren. Aus Golddraht gedrehte Ösen in die Schnittkante der halbrunden Fläche drücken (s. Abb. Seite 4). Struktur: Bürstentechnik. Steine links und rechts eindrücken, dazwischen vier Fimoröllchen, die mit einer Nadel perforiert und tropfenförmig ineinandergelegt werden. Drei Kügelchen, die nach dem Aufbringen flachgedrückt werden, bilden den Übergang zum

Straßstein. Den Stein selbst in die vierte, etwas größere Kugel eindrücken.
Die übrigen Schmuckstücke werden passend zum Collier genauso gearbeitet. Lediglich in die Brosche oben einen weißen Stein eindrücken (s. Abb. Seite 5).

Graphische Formen Abb. 2. Umschlagseite

Halsschmuck: Aus einem dicken, flach ausgewalzten schwarzen Stück Fimo ein Rechteck scharfkantig ausschneiden. Die Kettenenden beidseitig eindrükken. Nun die beiden Streifen schneiden und damit die Kettenenden – senkrecht nach unten zeigend – bedecken. Die Mitte ziert eine halbe Ellipse. Alle Teile sollten relativ dünn ausgewalzt werden. Ein unterhalb der Ellipse eingedrückter schwarzer Glasstein gibt dem Schmuckstück den noch notwendigen letzten Pfiff. Das Rechteck (als Unterbau) sorgfältig mit Goldbronze-Pulver bepinseln. Die bereits aufgelegten, gut aufgedrückten Teile erhalten durch graphitfarbenes Lidschattenpulver ihre endgültige Farbe.
Für die *Ohrgehänge* zwei gleich große schwarze Fimokugeln formen und diese gleichmäßig auswalzen. Eine Schablone (in diesem Fall eine Kupferplatine, Bastelgeschäft) wäre zur exakten Formgebung empfehlenswert. Wichtig ist, daß die Kanten exakt geschnitten werden, dies ist zur Herstellung graphischer Formen unerläßlich. In die Säulen nun je einen Zirkonia eindrücken. Vergessen Sie nicht die Löcher für die Ösen und Ohrhaken, die mittels einer dicken Stopf- oder dünneren Stricknadel eingestochen werden. Ösen und Haken erst nach dem Härten anbringen. Auf die gleiche Weise wie schon den Anhänger nun das Ohrgeschmeide verzieren.
Die *Broschen* auf dieselbe, bereits beschriebene Weise herstellen, eventuell mit Hilfe einer Schablone. Glasstein und Zirkonia eindrücken, dann erst die Farbe aufbringen.

Wichtig: Die benötigten Broschennadeln dürfen erst nach dem Härten auf die Rückseite geklebt werden.

Graphische Formen mit Stecknadeln Abb. Seite 7

Gürtelschnalle: Ein großes Stück schwarzes Fimo kneten und auswalzen. Nachdem die gewünschte Form geschnitten ist, in die Mitte einen Glasstein drücken. Von der Seite Stecknadeln mit den Spitzen waagerecht unter den Stein schieben und nochmals drei Stück von unten. Als Fassungen für die Straßsteine Kügelchen formen, die zuerst auf den Rand des Glassteines gelegt und unmittelbar danach mit kräftig eingedrückten Straßsteinen versehen werden. Die anderen, den Glasstein umgebenden Verzierungen sind alle in derselben Art und Weise hergestellt, Menge und Art der Ausführung bleibt der Phantasie eines jeden überlassen. Als letztes die Schnalle mit Goldbronze-Pulver bepinseln und härten.
Collier: Aus Fimo-transparent ein großes Stück kneten und dick auswalzen. Einen Glasstein auflegen. An der oberen Rundung des Steines entlang das Fimo abschneiden und dem Ganzen nun die gewünschte Form geben. Die Stecknadelspitzen teilweise unter dem Glasstein bzw. unter jeweils zwei Kügelchen verschwinden lassen. Die Nadeln sollten dabei gut in das Material eingedrückt werden. Nun zusätzlich die Nadeln mit UHU plus endfest 300 festkleben. Eine vorgefertigte Öse (s. Abb. Seite 4) oberhalb des Steines in das darunterliegende Fimostück eindrücken. Anschließend Goldbronze-Pulver auftragen und härten.
Die *Ohrgehänge, Anstecker und Broschen* bestehen aus schwarzem Fimo, in das die Glassteine eingeschoben werden. Danach die Stecknadeln eindrücken. Die Nadelspitzen jeweils von Kügelchen mit eingedrückten Straßsteinen überdecken. Zuletzt, wie bereits beschrieben, Goldbronze auftragen und härten.

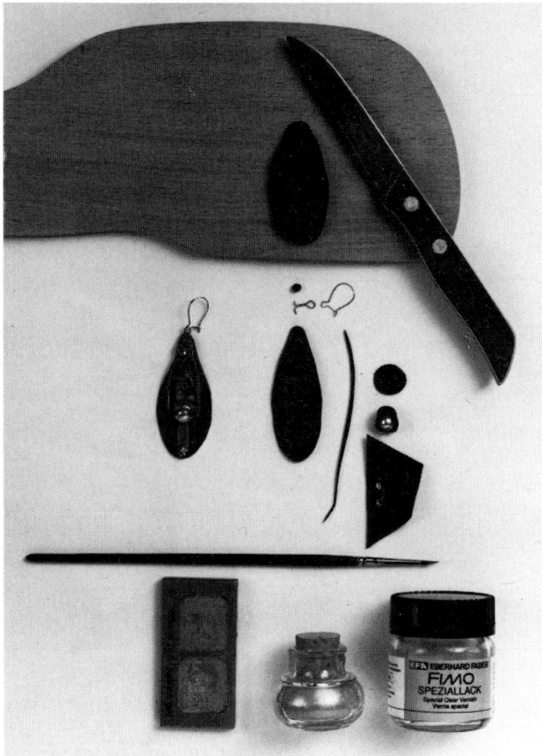

Ohrgehänge und Broschen Abb. Seite 9

Ohrgehänge links unten: Ein größeres Stück schwarzes Fimo gut durchkneten und zu zwei gleich großen Kugeln formen. Diese so lange ausrollen, bis eine längliche Form entsteht. Mit der Fingerkuppe an der Längsachse entlangstreichen, bis eine Vertiefung sichtbar wird. Die Öse eindrücken, darüber ein Kügelchen setzen und in dieses einen Zirkonia drükken. Dasselbe im unteren Bereich wiederholen. Nun ein Kügelchen flachdrücken und als Fassung um die Perle kneten. Anschließend das Ganze mit Fimoröllchen verzieren. Zuletzt oliv- oder goldfarbenes Lidschattenpulver aufpinseln. Empfehlenswert ist es, den Farbauftrag mit dem Fimo-Speziallack – matt oder glänzend – nach dem Härten zu konservieren.

Ohrgehänge rechts unten: Die Blätter arbeiten, wie auf Seite 10 beschrieben. Verwendet werden hierfür Perlen, Zirkonia und Mondsteine, blaues und goldfarbenes Lidschattenpulver.

Broschen (von unten nach oben): Die erste Brosche entsteht durch zwei aufeinandergelegte Ovale. Eine mittels Kettchen strukturierte Form bildet die Fassung des Steines. Mit Blau und Gold schattieren.

Die Struktur der zweiten Brosche: Bürstentechnik. Als „Auge" einen Stein setzen. Die „Wimpern" mit dem Messer einkerben. Farben: Blau und Gold.

Das dritte Teil auf eine Broschenwanne arbeiten und gleichzeitig mithärten. Als Verzierung Röllchen mit zwei eingedrückten Steinen. Farben: Kupfer und Blau.

Das Mittelstück der nächsten Brosche (Mitte links) aus schwarzem Fimo ist ein Glasstein. Rechts und links Fimoplättchen. Farben: Kupfer und Gold.

Das Oval der Brosche oben rechts besteht ebenfalls aus schwarzem Fimo, das aufgesetzte Teil aus Fimotransparent in zur Spitze auslaufender Form. Verzierungen durch Steine, Kügelchen und Röllchen. Farbe: Rosa.

Die beiden übrigen Broschen in der Mitte oben sind ähnlich gearbeitet. Die Grundfläche ist aus Fimotransparent. In die Mitte einen Stein drücken, jeweils von oben das Fimo etwas über den Stein klappen. Über den dunklen Stein zieht sich senkrecht als Zierde ein dickeres Röllchen, zusätzlich eine Perle und Straßsteine. Farben: Violett und Gold.

Alle fertigen Schmuckstücke nach dem Härten lakkieren, um die Farbechtheit zu bewahren. Lassen Sie die Stücke völlig auskühlen. Dann ist ein gleichmäßiger Lackauftrag gewährleistet.

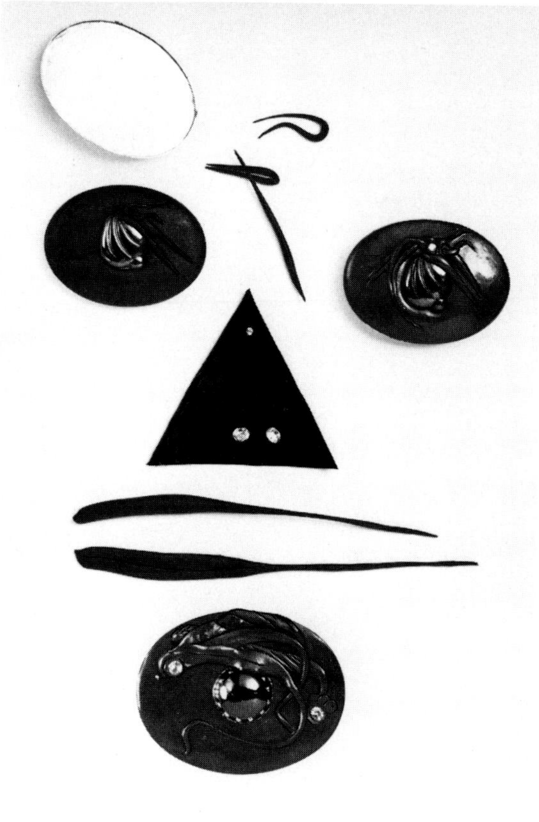

Broschen, Collier und Ohrhänger
Abb. Seite 11

Broschen: Beide Broschen sind aus schwarzem Fimo auf Broschenwannen gearbeitet. Umgeben von mehreren Röllchen, liegt bei der linken Brosche in der Mitte ein eingedrückter Glasstein. Zur Abrundung einen Zirkonia auf die Röllchen im oberen Drittel setzen. Farbe: Anthrazit.

Bei der rechten Brosche verzieren Blätter den Rand des eingedrückten Mittelsteines. Sie entstehen durch unterschiedlich geformte Röllchen. Diese werden bis zur Hälfte flachgedrückt und erhalten durch Messerkerben ihre Blattstruktur. Die in Kügelchen eingedrückten Zirkonia bilden Blattanfang und -ende. Flachgedrückte Fimokügelchen verdecken eine Blattspitze. Farbe: Anthrazit. Nach dem Härten mit Lack behandeln.
Halsschmuck: Ein großes schwarzes Fimostück weichkneten und zu einer Kugel formen, die flach ausgewalzt wird. Das obere Ende des Teiles in die Länge ziehen, so daß eine Lasche entsteht. Auf die Lasche nun den Halsreif legen, die Lasche dann über den Halsreif nach unten klappen, aber so, daß sich der Reif leicht hin und her schieben läßt. Auf die umgeklappte Laschenspitze eine Kugel drücken, in diese einen Zirkonia, darunter einen tropfenförmigen Glasstein eindrücken. Die Randstrukturen entstehen wie folgt: Eine Vielzahl von gleich großen Kügelchen mittels Stecknadelkopf aufnehmen und sie eng nebeneinander setzen, wie auf der Abbildung gezeigt. Farbe: Anthrazit. Der Halsreif kommt während des Härtevorgangs mit in den Ofen.
Ohrgehänge: Fimo durchkneten, auswalzen und jeweils in Rhombenform ausschneiden. Die eingedrückten Ösen durch flachgedrückte Kügelchen verdecken. Zusätzlich die eingedrückten Steine durch verschlungene Fimoröllchen verzieren. Kügelchen, mit Stecknadelkopf eingedrückt, unterstreichen die Ausdruckskraft. Zuletzt jeweils unterhalb des Glassteines eine Biwaperle einsetzen. Farbe: Anthrazit. Nach dem Härten alle Teile lackieren.
Achten Sie darauf, daß bei glatten Fimoflächen Ihre Fingernägel keine Spuren hinterlassen. Es kann sehr mühevoll sein, diese wieder zu beseitigen.
Um gleich große Ohrgehänge herzustellen, legt man das bereits ausgeschnittene Teil vorsichtig als Schablone auf das noch auszuschneidende.

Schwarz-weißer Schmuck Abb. Seite 13

Brosche oben: Auf eine Kupferplatine schwarzes, gut geknetetes Fimo zu einem Broschenkörper formen. Struktur: Bürstentechnik. Aus transparentem Fimo, ebenfalls gut durchgeknetet, Blätter verschiedener Formen aus flachgedrückten Kügelchen modellieren; die Blattstruktur: Messerkerben. Sternförmig aneinandergesetzte Blätter zu einer Blüte formen, in deren Mitte ein mit einem Stecknadelkopf eingedrücktes Kügelchen plazieren. Die Kügelchen im oberen Bereich entstehen auf die gleiche Weise. Röllchenverzierungen, als Stiele gestaltet, vervollständigen die Gesamtwirkung.

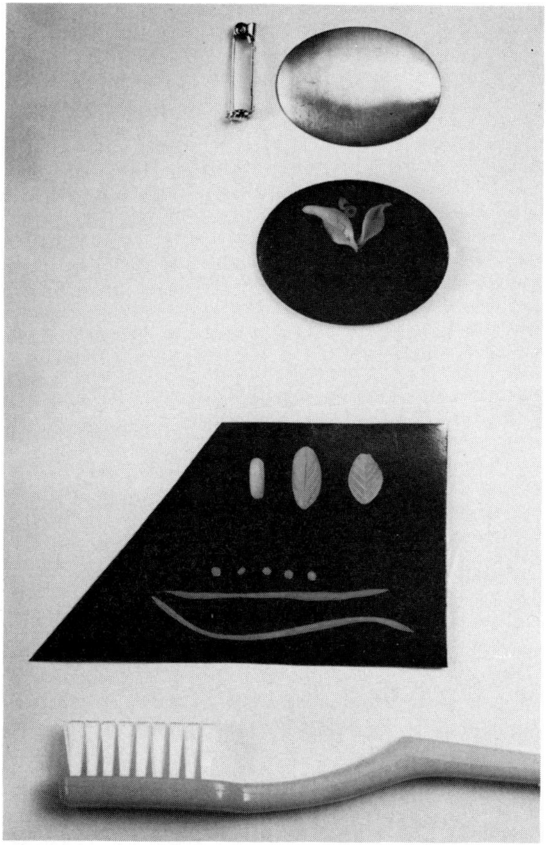

Halsreif: In den metallenen Anhänger schwarzes Fimo einarbeiten. Aus transparentem Fimo gearbeitete große und kleine Blätter, langgezogene, in sich gedrehte Formteile, Kügelchen mit Perlen, Zirkonia und farbigen Glassteinen lassen das Bild eines Füllhorns erkennen.
Brosche rechts unten: Wie das Collier auf Seite 10 arbeiten. Struktur: Bürstentechnik. Mit aus transparentem Fimo geformtem Blattwerk und Röllchen wirkt die Brosche sehr verspielt. Zusätzlich eingedrückte Zirkonia ergeben die Glanzpunkte. Aufgetragene Kügelchen, in die einige kleine Perlen eingearbeitet sind, sorgen für eine angenehme Auflockerung.
Brosche rechts: In die Fimokügelchen noch Perlen eindrücken. Mit Blattwerk und entsprechender Anordnung der Röllchen wirkt sie wie ein Krake, der Beute erfaßt.
Ohrgehänge: Aus zwei gleich großen Fimostücken Kugeln formen. Nach dem Auswalzen auf möglichst gleiche Größe achten. Die Ösen, wie auf Seite 8 beschrieben, aufdrücken. Die Ösen durch Perlen und Fimokügelchen verdecken, Gebilde aus Röllchen, in die Perlen und Glassteine eingedrückt sind, bilden eine Ranke.
Keines der hier beschriebenen Schmuckstücke wird nach dem Härten lackiert.

Broschen aus transparentem Fimo Abb. Seite 15

Mittlere Brosche: Eine Kugel formen, diese flachdrükken (Unterbau). Nun das obere Teil kneten, verformen und aufdrücken. Struktur entsteht durch Einstechen mit einem Partystick. Als „Clou" einen Straßstein in die Mitte drücken. Farben: Hellblau und Rosa.
Brosche Mitte links: Unterbau wie eben beschrieben.

Die Rosenblätter entstehen durch fünf flachgedrückte Kügelchen. Diese jeweils vom Rand her einmal bis zur Mitte einschneiden und die Schnittkanten ineinander drehen, bis eine Kelchform entsteht. Farbe: Unterbau Rosa.
Brosche rechts oben: Unterbau herstellen. Künstliche Staubgefäße in die Mitte der Fläche drücken. Stielenden mit flachgedrückter Kugel, in deren Mitte mit einem Nagel eingestochen wird, abdecken. Die „Korkenzieher" entstehen durch auf einen Nagel gewikkelte Röllchen (s. Abb. links), die fächerförmigen Einschnitte mit einem Messer oder einer Nagelspitze ziehen. Farben: Hellblau oder Rosa.
Brosche Mitte unten: Unterbau herstellen. Nun links und rechts länglich geformte Kügelchen auflegen. Verziert mit Nadeleinstichen, als Stiele eingedrückte Perlen, ergeben sie die Form einer Blume. Dazwischen in die Mitte drei Staubgefäße stecken. Zwei Blätter mit einer gelochten Kugel in der Mitte verdecken die Enden der Stiele. Die Randstrukturen entstehen durch Eindrücken einer Nadelspitze. Farben: Hellblau und Rosa.
Die *rechts daneben liegende Brosche* ist ebenso gearbeitet. Über die Staubgefäßstiele ein eingerolltes Blatt und über dessen Ende drei bereits wieder flachgedrückte Kugeln legen. „Korkenzieher" und Straßstein an dessen Ende beleben das Ganze, das nun zuletzt mit den Farben Hellblau, Rosa und Gold schattiert wird.
Wie sie bereits erkannt haben, wiederholt sich prinzipiell immer die Herstellung des Unterbaues. Lediglich die Form und das Erscheinungsbild der Verzierungen weichen sehr stark voneinander ab.
Nach dem Härten lackieren, dann Broschennadeln auf die Rückseite kleben.

Schmuck mit Spiegelelementen Abb. Seite 17

Mittlere Brosche: Diese aus transparentem Fimo gearbeitete Spiegelbrosche sitzt auf einer Broschenwanne. Das Material sollte mit dem Wannenrand abschließen. Das Spiegelteil mit einem Glasschneider in die gewünschte Form bringen. Fertige Spiegelteile sind auch im Handel erhältlich. Den Spiegel gut auf den Unterbau drücken, umgeben von flach auf den Rand gedrückten Kügelchen. Mit eingekerbter Rolle die gerade Kante verzieren und deren Ende jeweils mit einem in ein Kügelchen gedrückten Zirkonia markieren. Mit in sich gedrehten Röllchen Schleifenformen bilden und je nach Vorstellung Perlen und Zirkonia eindrücken. Die Kerben am Rand entstehen durch Nadelspitzen. Schattieren mit Lachs, Gold und Orange.

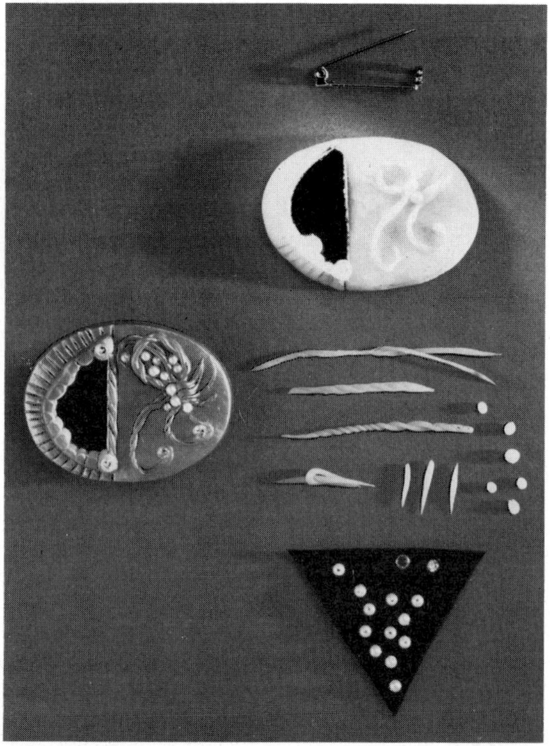

Brosche oben rechts: Unterbau fertigen, dann das Spiegelteil eindrücken. Über den Spiegel ein gedrehtes Röllchen, in dessen Schlaufe eine Perle ruht, legen. Kerben durch einen Messerrücken eindrücken. Farben: Oliv und Gold.

Brosche oben links: Unterbau auf eine Broschenwand drücken. Dieses Mal ein rechteckiges Spiegelteil verwenden. Mit gedrehten Röllchen, Straßsteinen oder Perlen, die gut angedrückt werden müssen, das Spiegelelement umrahmen.

Halsreif: Ein selbstgeschnittenes halbrundes Spiegelteil mit einer geraden Kante nehmen. In dieses in die Mitte ein Dreieck ätzen. Ätzflüssigkeit erhält man im Handel. Auf ein Stück ausgewalztes Fimotransparent den Spiegel aufsetzen. Ein Glasstein auf eine größere Kugel drücken und diese so formen, daß sie als Fassung mit Lasche erscheint. Dieses Element in die Mitte der geraden Kante setzen. Die halbrunde Kante hingegen mit einer Fimorolle ummanteln, zusätzlich mit platten Kügelchen als Zierde umgeben. Unter die Spitze des geätzten Dreiecks einen länglichen Glasstein drücken. Eine eingedrückte Öse auf der Rückseite des Teiles ermöglicht die Befestigung des Halsreifes. Farben: Gold und Braun.

Nach dem Härten alle Schmuckteile lackieren und gegen die Rückseiten die Befestigungsnadeln aufkleben.

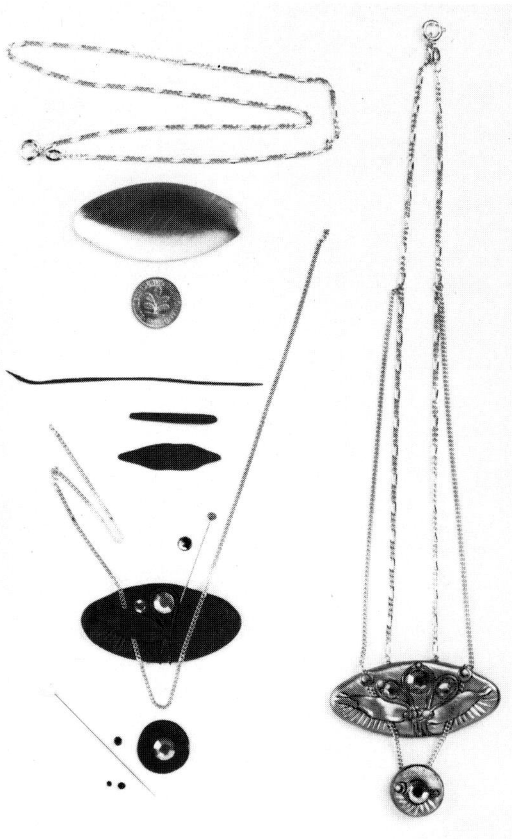

Goldener Schmuck Abb. 1. Umschlagseite

Halsschmuck: Fimo auf Kupferplatine arbeiten. Dem dazugehörigen kleineren Stück dient ein Pfennig als Unterlage. Auf das größere Teil die Steine und das auf der Abbildung unten erkennbare kleine Kettenteil eindrücken; darüber zusätzlich auf beide Seiten Blätter aufdrücken. Um die Steine dünne Röllchen legen. Mit flachgedrückten Kügelchen und mittels Stecknadel gezogenen Linien diesen aparten Schmuck zusätzlich verzieren. Das Pfennigteil auf dieselbe Weise arbeiten, jedoch erst nach dem Härten auf das Kettenteil kleben. Farbe: Goldbronze. Nach dem Härten beide Teile lackieren, das kleine Teil dann anschließend durch Zwei-Komponenten-Kleber mit dem Kettenteil verbinden. Die vollständige Kette so auf die Kupferplatine kleben, daß sich der Verschluß in der Mitte befindet. Das bereits vorher eingearbeitete Kettenteil nun erst durch zwei Messingösen mit der jetzt aufgeklebten Kette verbinden.

Ohrgehänge: anfertigen, wie auf Seite 10 beschrieben.

Brosche: Den Unterbau auf eine Wanne drücken, so daß der Broschenrand frei bleibt. Glassteine untereinander eindrücken, Blätter wie beim Halsschmuck fertigen.

Krawattennadel: Aus einem rautenförmig geschnittenen Stück Fimo herstellen, die Nadel erst nach dem Härten aufkleben.

Armband: In die Glieder zuerst das Fimo einpassen. Abwechselnd mit Glassteinen und Blättern verzieren. Nach dem Härten alle Teile lackieren und trocknen lassen. Empfehlenswert ist, die Fimoteile gegebenenfalls nochmals aus den Gliedern zu entfernen und sie sicherheitshalber festzukleben.

Schmuck aus Großmutters Zeiten Abb. Seite 19

Die Formgebung dieser Schmuckstücke erfolgte durch alte, im süddeutschen Raum als „Springerle" bekannte Holzformen. Diese vornehmlich zu Weihnachtsgebäck verwendeten Formen drückt man auf ausgewalztes Fimo und schneidet entlang der Kanten ab. Steine eindrücken.
Farben: Lidschattenpulver.

Jugendstilschmuck Abb. Seite 21

Anhänger: Aus transparentem Fimo ein größeres Stück kneten, dann zu einer nahezu viereckigen Form auswalzen. Die vier Ecken nach innen zur Mitte hin einrollen. In die Mitte nun einen perlmuttfarbenen Knopf eindrücken. Eine Öse unter die

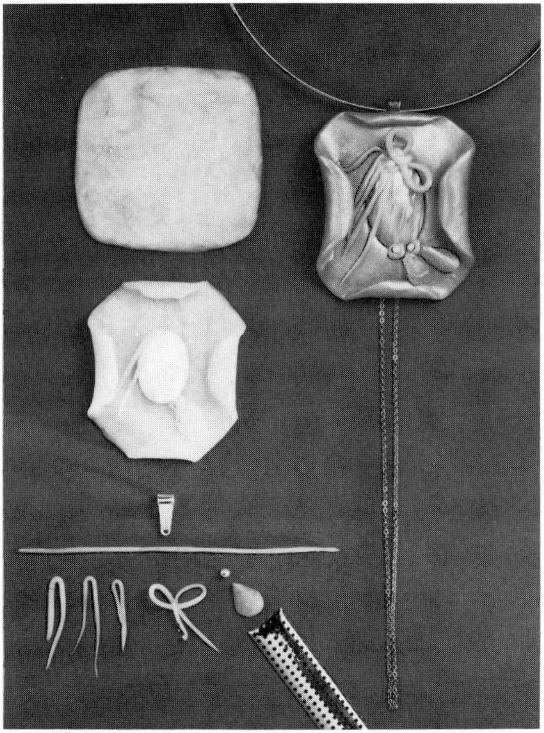

Rückseite legen. Die Öse durch einen größeren Streifen Fimo befestigen. Diesen auf die Rückseite der Öse drücken, so daß er das untere Ösenende und einen Teil der Rückseite verdeckt. So ist eine feste Verbindung hergestellt. Verschieden lange Röllchen, auf den Rand des Knopfes gelegt, erinnern an die Jugendstilzeit. Die Blattstruktur entsteht durch Eindrücken mit einer Ecke eines Bleches aus einer Haarspange (s. Abb. links). Mit drei in Kügelchen eingedrückten Perlen das Teil vollenden. Das Ganze mit lachs-, orange- und goldfarbenem Lidschattenpulver versehen. Nach dem Härten lackieren, trocknen lassen und die Kette in die Öse einhängen.
Ohrgehänge: Sie entstehen entsprechend der Beschreibung des Halsschmuckes. Die Ösen verdeckt einarbeiten. Eingedrückte Perlen glänzen in der Mitte. Farben: Lachs, Orange und Gold.
Brosche: Fimo auf eine Wanne formen. Die Lasche, wie auf Seite 10 beschrieben, ausarbeiten. Eine eingedrückte Perle und Röllchenverzierungen unterstreichen den Gesamteindruck. Farben: wie oben angegeben. Nach dem Härten lackieren, trocknen lassen und Nadel aufkleben.
Gürtelschnalle: Aus Fimo-transparent in zwei gleich großen Stücken zuerst Kugeln formen, dann auswalzen. In die Mitte geschliffene Glassteine eindrücken. Nun zwei dünne Röllchen drehen und über den Rand eines jeden Teiles parallel zueinander auflegen. Dickere Röllchen, an den Enden miteinander verdreht und gegengleich diagonal aufgelegt, lassen die Augenform entstehen. Haken zum Verschließen der Gürtelschnalle auf der Rückseite eindrücken und, mit Fimostreifen überdeckt, befestigen. Verwendete Farben: Lachs, Orange und Gold.

Phantastische Steinmaserungen
Abb. 4. Umschlagseite

Um diese Maserung zu erzielen, benötigt man Fimo in folgenden Farben: Schwarz, Grau, Weiß, transparent, etwas Ocker und etwas Braun. Von jeder Farbe eine Rolle formen. Diese nebeneinanderlegen und spiralig zusammendrehen, bis die oben erwähnte Maserung entsteht. Die benötigten Stücke in beliebiger Größe abschneiden und verarbeiten. Entspricht die Maserung nicht der Vorstellung, nochmals durchkneten und ausrollen, bis die gewünschte Farbzusammenstellung erscheint.
Gürtelschnalle: Ein großes Stück auswalzen. Um die Steinstruktur zu verstärken, die Oberfläche mittels einer Zahnbürste aufrauhen. Spiegelteil und Ketten eindrücken. Dann aus grauem Fimo gefertigte Röllchen und Blätter auflegen. Glasstein und Perlen anschließend eindrücken.
Armbänder: Die einzelnen Fimostücke in die Glieder genau einpassen, dann aufrauhen. Nach dem Härten eventuell zusätzlich einkleben.
Das gleiche gilt für die *Armspangen.* Schmucksteine kann man nun entweder direkt in die Modelliermasse eindrücken, oder aber durch ein flachgedrücktes Kügelchen eine Fassung schaffen. Diese wird goldfarben gepinselt und nach dem Härten lackiert.
Collier und Broschen: Sie sind auf Broschenwannen gearbeitet. Ketten, Kügelchen, Perlen und Zirkonia wie beschrieben aufbringen.
Krawattennadel: Sie entsteht aus einer flachgedrückten Kugel. Den Stein in die Mitte eindrücken. Nach dem Härten die Nadel auf die Rückseite kleben.
Kamm: Fimoteil auf dem Kamm vorformen. Ein Perlkettenschloß und auf Kügelchen gedrückte Steine und Perlen aufbringen. Diese wie eine Steinfassung wirkenden, flachgedrückten Kügelchen mit Goldbronze-Pulver versehen und nach dem Härten lackieren. Nur den Fimostein härten und nach dem Abkühlen auf den Kamm kleben.

Gürtelschnalle Abb. Seite 23

Diese eigenwillige Schnalle entsteht aus grauen und schwarzen ineinandergekneteten Fimorollen. Das marmorierte Stück zu einer Kugel formen und zu der gewünschten Form auswalzen. Den violetten Glasstein aufsetzen und dessen Ränder mit gelochten Kügelchen verzieren. Graue Röllchen, die senkrecht und waagerecht angeordnet werden, vermitteln einen Hauch von Graphik. Den kleinen blauen Stein auf ein Kügelchen drücken und die so entstandene Fassung mit Goldbronze-Pulver einpinseln. Das schwarzfarbene Fimo der marmorierten Schließe mit blauem Lidschattenpuder behandeln. Schließe und Fassung mit dem blauen Stein härten und lackieren. Nach dem Abkühlen den blauen Stein auf das perlmuttfarbene Plastikblatt (im Handel erhältlich) kleben. Das Blatt selbst auf die Gürtelschnalle und auf deren Rückseite den Verschluß kleben.

Zeitloser Schmuck Abb. Seite 25

Alle Schmuckstücke sind aus schwarzem Fimo gearbeitet.
Brosche links: Auf Fassung arbeiten. Die obere Hälfte in Bürstentechnik strukturieren, die untere bleibt völlig glatt. Zirkonia und Mondstein aufsetzen. Mit Goldbronze-Pulver bestäuben.
Anhänger: Er entsteht auf die gleiche Weise.
Brosche rechts: Fimo zum Viereck arbeiten, in der Mitte streifenförmig strukturieren. Die äußeren Seg-

mente bleiben völlig glatt. Steine aufbringen. Mit Goldbronze-Pulver bestäuben.
Ohrclips: Sie entstehen aus flachgedrückten Kugeln. In die Mitte Glassteine hineindrücken. Den Rand jeweils strukturieren, dann mit Goldbronze-Pulver bestäuben.
Krawattennadel: Fimo rautenförmig ausschneiden, dann strukturieren. Kügelchen und Steine aufsetzen. Farbgebung wie bei den Ohrclips.
Nach dem Härten alle Teile lackieren. Broschennadeln, Ohrclipsteile und Krawattennadel mit UHU plus befestigen.

Ein Hauch von Exotik Abb. Seite 27

Gürtelschnalle: Grundplatte aus schwarzem Fimo; Struktur: Bürstentechnik. Einen Glasstein eindrükken. Diesen mit einer flachgewalzten Rolle umgeben

(s. Abb. links). Flachgewalzte Fimostücke verschiedener Größe sowie Perlen, Straß- und Glassteine aufdrücken. Farben: Oliv und Goldbronze-Pulver. Nach dem Härten lackieren und die Schließe auf die Rückseite kleben.

Broschen: In die Broschenwannen jeweils schwarzes Fimo einarbeiten. Bevor Steine und Verzierungen aufgebracht werden, jede Brosche in Bürstentechnik strukturieren. Steine eindrücken. Mit flachgewalzten Röllchen in unterschiedlicher Breite und Länge verzieren. Verwendete Farben: Grau, Dunkelblau, Gold, Violett, Oliv und Goldbronze-Pulver. Nach dem Härten lackieren.

Tips

Wichtig: Vor jedem Arbeitsgang sollte das Material gründlich geknetet werden, um Blasenbildung nach dem Härten zu vermeiden.

Empfehlenswert ist es, auf einem flachen Porzellanteller zu arbeiten. Die fertiggestellten Teile können dann unmittelbar mitsamt dem Teller in den Ofen geschoben werden.

Die auf Metallgrund gearbeiteten Teile sollte man vorsichtshalber nach dem Härten zusätzlich mit UHU Plus schnellfest befestigen.

Durch Hautkontakte können eventuell Farbänderungen des Goldbronze- oder Lidschattenpulvers entstehen. Um dies zu vermeiden, sollte man den farblosen Speziallack mehrmals auftragen.

Nicht alle Steine, Glassteine, Perlen oder Kunststoffprodukte sind hitzebeständig. Ihr Ausssehen kann sich verändern, ja, sie können sogar schmelzen. Deshalb Vorsicht mit der Temperatur, lieber den Ofen etwas niedriger einstellen als zu heiß.

Kostbarkeiten für den Abend
Abb. Seite 29

Halsschmuck: Aus schwarzem Fimo die Grundplatte formen. Struktur: Bürstentechnik. Auf die eingedrückten Kettenenden Kügelchen setzen, flachdrükken und jeweils mit eingedrückten Glassteinchen versehen. Damit die Kettenenden verbergen (s. Abb. oben). Mit eingedrücktem Glasstein die Blütenmitte bilden. Blütenblätter durch kleine Röllchen formen und flachdrücken. Diese Blütenblätter so nebeneinander aufdrücken, daß sie eine Blüte bilden. Auf eine Stelle des Blütenrandes nacheinander flachgedrückte Kügelchen aufbringen, so daß es wie ein kleines Horn wirkt. Gegenüberliegend ein kleines Blatt zur Ergänzung anbringen. Mit Goldbronze-Pulver bepinseln, härten und lackieren.
Brosche innerhalb der Halskette: Ein Viereck arbeiten. Struktur: Bürstentechnik. Den auf eine Kugel gesetzten und in die Mitte aufgedrückten Stein oben und unten von flachgedrückten Kügelchen umgeben. Die links und rechts des Steines strukturiert aufgesetzten Dreiecke mit aufgedrückten Perlen verzieren.
Runde Brosche: Sie entsteht auf die gleiche Weise. In sich gedrehte Blätter umranden den Stein.
Große Brosche links: Grundplatte aus Fimo formen, ähnlich wie auf Seite 20 beschrieben. Die untere Perle auf Messingdraht auffädeln (Golddraht ist auch geeignet) und zusammengedreht in die Masse schieben. Dekorativ gestalten mit Glassteinen, Perlen, Blättern und Kügelchen.
Alle Teile mit Goldbronze-Pulver bestreichen, härten und lackieren. Danach die Broschennadeln aufkleben.
Haarspange: Fimo-transparent auf einen Metalluntergrund (Spange) arbeiten. Die Lasche formen, ähnlich wie auf Seite 10 beschrieben. Nach der Strukturgebung mit den aufgedrückten Straßsteinen die Kettenenden verdecken. Kügelchen und Blattform aufdrücken. Mit Goldbronze-Pulver, Rosa und Hellblau schattieren. Alle Teile härten und lackieren.

Dezente Broschen Abb. Seite 1

Alle diese Broschen sind aus Fimo-transparent gestaltet. Die Verzierungselemente der einfachen geometrischen Formen beschränken sich auf Metallteilchen wie Messingösen, Messingdrahtstückchen. Die Motive werden mit Gold, Braun oder Blau farblich schattiert.

Schmuck „Orient" Abb. Seite 31

Halsschmuck: Aus gewalztem schwarzem Fimo ein Dreieck ausschneiden, darauf eine flache ovale Kupferplatine aufdrücken. Auf Draht aufgefädelte Perlen neben der Platine aufbringen (s. Abb. unten), ebenso verschieden lange Ketten (s. auch Abb. rechts). Die Ösen für das Perlengehänge an den Ketten am besten mit einer Rundzange biegen. Danach diese in die Kettenenden eindrehen. Die in Fimo eingedrückten Enden des Kettengehänges durch ein größeres Blatt verdecken. Darauf einen auf einem Kügelchen eingedrückten Zirkonia setzen. Das senkrecht über der Platine aufgedrückte große Blatt mit einer Stecknadel strukturieren. Straßstein auf ein Kügelchen drücken und unter das Blatt setzen. Die Platine zusätzlich mit flachgedrückten Kügelchen umgeben. Oberhalb der Platine mittels einer Stecknadel Linien ziehen. Die eingedrückten Halskettenenden von Kügelchen verdecken, in die Zirkonia gedrückt sind. Goldbronze-Pulver sorgfältig aufpinseln. Nach dem Härten lackieren.

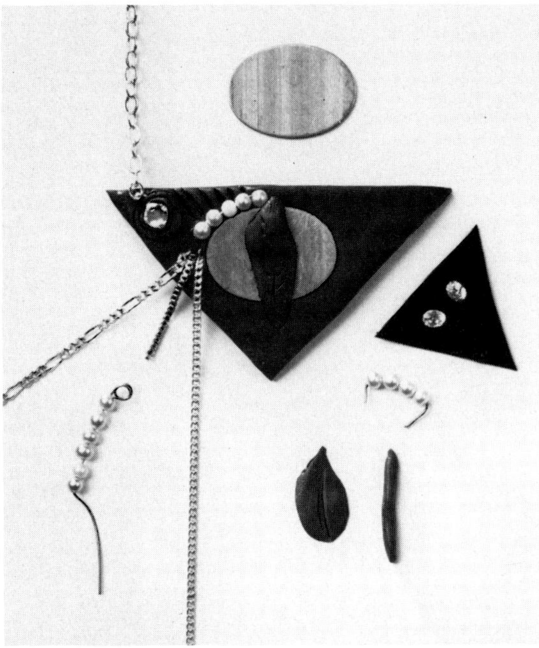

Gürtelschließe: Auf die gleiche Weise wie den Halsschmuck arbeiten. Nach dem Lackieren den Verschluß der Schnalle auf die Rückseite kleben.

Ohrgehänge: Jeweils auf zwei ovalen Kupferplatinen arbeiten, ähnlich wie auf Seite 6 links beschrieben. Die eingedrückten Kettenteile und Ösen mit flach aufgedrückten Kügelchen verdecken. Mit Straßsteinen, Röllchen und Kügelchen hübsch verzieren.

Broschen: Sie erhalten aus dem vorbereiteten und gewalzten schwarzen Fimo durch Ausschneiden ihre Form. Nur die mittlere der drei Broschen direkt in eine Fassung einarbeiten. Mit aufgelegten, unterschiedlich großen und in der Form verschiedenen Platinen diese Broschen auf die bereits beschriebene Weise anfertigen. Alle vollendeten Schmuckteile erhalten durch Goldbronze-Pulver ihr endgültiges Aussehen. Nach dem Härten lackieren, danach die Broschennadeln aufkleben.

Freude am Gestalten

Anleitungen für Arbeiten mit Ton und Fimo